実戦は演技である

現実対応型武術

米山俊光

実戦は演技である

現実対応型武術

米山俊光

はじめに

私は二十年間、警察官として生きてきました。その中で通常ではなかなか体験できない実戦を数多く体験することができました。

ルールのある格闘技や武道と違い、実戦はノールールが当り前。しかし、数多く体験する中で、何か法則性があるような、原理原則があるような気がしてきたのです。

その中のひとつが自分自身をコントロールする力、言葉を変えれば演技する力であったのです。これが現実の戦いでは非常に効果があったのです。

「実戦は演技である」

本書ではこのことを中心に実戦について述べていきたいと思います。

思うに、格闘というのは武術の一要素である。武術というのは兵法の一要素である。兵法というのは、生き残りをかけてあらゆることを駆使した戦略戦術のことである。

小さな戦いといえども、この観点に立って組み立てなければならない。そして実戦は演技であるというのは演技の中に兵法の要素が多分に入っているからである。

私はこのことを伝えたく本書を上梓いたしました。

目次

第一章　格闘技と演技

格闘技と演技

私は十二歳で、柔道をはじめ、学生時代は空手やキックボクシングもやっておりました。二十三歳のとき神奈川県警察官に拝命され、二十年間在籍し四十三歳で退職しました。

その二十年間は実戦における武術を含む戦術の研究に力を入れておりました。現在はそのころの体験をもとに発展研究したものを一部発信しはじめた段階です。

新任警察官のころ、実戦を体験することになるのですが実際のところ、今まで学んできた格闘技や武道があまり通用しませんでした。それは簡単にいうと、ルール化した中での動きは実戦に対応する力は弱かったということです。

現実は一対一でもないし、素手とはかぎらないし、レフェリーもいないし、礼をして始まることもないし、まいったはないし、何をしてもいいし、どこを攻撃してもいいし、場合によっては死ぬこともあるし……。

しいて言えば「なんでもあり」これが実戦のルールです。いくら柔道や空手が強くても、ルール化した動きではかなりのリスクがあるのです。

競技化した動きや型の反復はできても、現実の戦い方がわからなくなっているのです。私は実戦を通して、そのことを痛感し、現実に対応できる武術戦術の研究をすることとなっていったのです。

警察で実戦をもとに研究してきた私が、四十代半ばになって武道界、出版界の方々と親しくなっていきましたが、驚いたことがひとつあります。それは実戦をあまり研究していないということでした。

身体の使い方や高度な技の研究はされていましたが、実戦を想定したトレーニングや体力面はあまり重要視されていなかったのです。というよりは、それはレベルの低いこと、初心者のやることのように思われていました。

私は警察の世界しか知らなかったので、ギャップを感じると同時に、これでいいのかと不安になりました。

私の研究してきたことも、当時流行った身体の使い方のジャンルに入れられてしまい色々な人が出入りするようになりました。しかしそれは、私の考えていた方向ではないと感じ、接触する範囲を狭くして、あらためて実戦研究へと舵を切りました。

戦いにおいて一番重要なこと、それはバランスです。これほど重要なことはないと思います。

簡単にいうと、いかなる状況下においても心と体のバランスを保つということ。相手の人数も、相手がどうなるかもあまり関係なく、最初から最後まで自分の心と体のバランスを保って、そして自由に動くこと。これが一番重要です。

ただ現実は、心のバランスは保つことはむずかしいので、体のバランスを保つことに重点を置くことが大切。武道で言われている自然体です。ですからトレーニングも、いかなる状況下でも自然体を保つことを重要視しています。


そして、次に演技力です。戦いにおいては演技力も非常に重要な要素です。

実戦は心理戦の要素が非常に強く、相手との駆け引き、相手をこちらの意図する方向にもっていく技術、相手が知らぬ間にこちらを認めてしまうような立ち振舞い等、私はこれを実戦における演技力と呼んでいます。

例えば、宮本武蔵を演じれば宮本武蔵になり、西郷隆盛を演じれば西郷隆盛のようになっていく。

この演技力を実戦の場で使うとその効果は絶大です。実戦ではなりたい自分になって演技するのです。役者のように、役になりきるのです。

日本のやくざも、先輩や健さんの任侠映画を観たりして、場数を踏んだ喧嘩師のようにみせていくのです。

彼らはある意味勉強熱心です。私もそれに応えるべく「…のように」みせていったのです。

格闘技界においても、ボクシングの世界タイトルマッチをやるレベルの選手もコーチ陣によってスパーリングという形で演技力を学んでいるとも言えるのです。

自分を試合の主人公にしていく、このことは実戦でも同じです。勝ち負けに関係なく良い演技ができたときは、予想外の結果が出ることもあります。

リアルファイトアクション

私は現在、実戦で使っていた技術や戦術を試合にも応用したりしていますが、現代的な殺陣や芝居、映画にも応用できるのではないかと研究中です。

今までにないアクション、実戦テクニックがそのままアクションになるリアルファイトアクション、それによって更に迫力かつ説得力のある演技をみせることができるのではないかと。

そしてリアルファイトアクションを学んでいくと、実戦テクニックを修得することができるというもの。

つまり、リアルファイト=リアルファイトアクション。そのようなものができれば、と思っております。

いま、そのカリキュラムも作成している段階なので、今後セミナーなどを開催し、伝えていきたいと思います。

第二章　役者が格闘技に挑戦

この本を読まれる人はまともな方々なので、実戦における演技力と言ってもわかりにくいと思い、もっと馴染みのある格闘技の試合を通して演技力がいかに大切な要素かということを説明していきたいと思います。

私の生徒に鐘ヶ江佳太という俳優がいますが、彼が二〇一八年秋にかなりレベルの高い格闘技の大会に出て軽量級三位と敢闘賞をとりましたが、その一年の歩みを演技力という視点からお話したいと思います。

彼は、知人の紹介で私のところに来ましたが、俳優でもあることから、アクションの役に立てばいいかな程度の気持ちで、たまに来て、軽いトレーニングをしているという状況でした。身体も細く体力もなく草食系男子の代表という感じでした。

私も危ないことはさせずに、軽くアクションの指導をしていました。そんな彼が、前年に同じ大会に出た彼の先輩の試合を観て感動し、私に「試合に出たい」と言ってきたところから物語がはじまったのです。

後日、私は彼に問いました「なぜ試合に出たいのか」と。

彼は「試合で、先輩が打たれても前へ前へと出て行く姿に感動しました。自分もそういきたいんです。挑戦したいんです」と言いました。彼が本気であることがわかりました。しかし現実は厳しい。あまりにも戦いには向いてない性格と体です。

私は「君の気持ちはわかった。でも今のままでは無理。まず半年間、身体を徹底的に鍛えなさい。それで試合に出れるか判断する」と言ったのです。

正直なところ、彼の性格からして、一カ月もすれば、熱も覚め、諦めるだろうと思っていたのです。しかし、その日から人が変わったようにトレーニングしはじめ、彼の変わりようには私も驚きました。

私は「人間、他人に言われても変わらないが、自分がその気になると本当に変わっていくものだなあ」と感じました。

そして、半年間、徹底した肉体改造を行いました。というと厳しいようですが、私は彼が俳優であり、また温和な性格であるところから、彼にあったメニューを考えました。それは「誉めて、のばす」ということです。そして試合のためのトレーニングではなく、舞台で主役を演じるためのトレーニングをしました。

道場の床は舞台となったのです。そして彼は映画の「ロッキー」の主人公を演じることとなったのです。彼のやる気によって当初の予定よりはやくゴーサインを出すことができました。そして本格的なトレーニングへ入っていったのです。具体的には、基本的なテクニックを中心にしました。残り半年で草食系男子代表を戦士にするには戦法はひとつしかありません。

前へ出て打ち合うこと、絶体に後に下がらないこと、最初から最後まで前に出続けること。

彼と話し合いの上、その方向でメニューをつくっていきました。そして毎回、ハードルを低く設定して、クリアしたら次へ向かうことにしました。それは、自信をつけて次の段階へ進むということです。

キックボクサーのようにミットトレーニングも始めました。このときも、彼には舞台で試合を演じるのだと、コーチである私は脚本家兼演出家となりました。ミットトレーニングの指導してくれるトレーナーである彼の先輩は殺陣師となりました。

彼の実力は短期間のうちに考えられないくらいのスピードで向上していきました。

彼は格闘技の経験はないが、格闘家を「演じる」ことはできます。また、努力や根性では中々越えることができないレベルを演じることで越えていったのです。

これには私も驚いたのですが、演じることが身についている役者や俳優のすごさを見たような気がします。

例えば、パンチの打ち方やキックの蹴り方がおかしいのでダメダシして「こうやって打って、こうやってキックする」と手本を見せて説明すると、すぐその場で修正してできるようになるのです。

多分、舞台などで、演出家が言ったことをすぐその場で修正し演じるのが、当り前となっているからなのでしょう。

スパーリング（練習試合のようなもの）でも、彼には「試合はダンスだと思ってやること、相手が強かったらベストパートナーと組めたと思い、おもいっきりパフォーマンスすること、それはおもいっきり打ち合いをすること」と話しました。

また試合が近づき恐怖が出てきたときには「これは役者として今後必ず役に立つからそれをしっかり体験するように」と言いました。そのことを、彼は試合に挑戦したからこそ経験できることだと感じているようでした。もう試合ははじまっているのです。

彼のやる気が伝わり、彼のまわりには、協力的な人がたくさん現われました。スパーリングの相手や組手の指導をしてくれるようになっていました。

私はいつしか「チーム佳太」と呼んでいました。選手はひとり、しかし、チーム一丸となって戦うフォーメーションがつくられていったのです。

試合直前には、礼儀作法も徹底しました。実はこれも戦術です。試合を主催している団体は、礼にはじまり礼に終わるところであり、選手ひとりひとりも非常に友好的で礼儀正しい人が多い。それに出させてもらうのだからというわけではないが、やはり礼は大切なこと。

私は彼にその礼の大切さが伝わるように、そしてそれは味方を増やす戦術であると話しました。

具体的には、競技会場である武道場の出入口、参加する選手に対する礼。そして試合のときは、まず名前を呼ばれたら、大会関係者、相手選手、客席に礼。試合中は礼にはじまり礼に終わる。これを徹底しました。

組織運営側にしてみれば礼儀正しい選手には好感をもちます。そして試合は最初から最後までフルパワー。そして、礼に終わり、相手選手とは心から握手。この演技を何度もやりました。そして当日、彼はそのとおりやったのです。心を込めて、いつしか彼は礼儀正しい青年になっていました。

試合は進み、三位決定戦の直前、セコンドといっしょに彼が私のもとに来ました。理由は右足が腫れて痛みが酷く、決定戦に出るか検討中とのことです。

私は彼に「前へ出て打ち合って怪我しても、それは心の勲章になるが、後に下がって怪我したらそれは心の傷になる。自分で、どちらでも良いから選びなさい」と言いました。

彼はしばらく考え「決定戦に出ます。やります」と言った。セコンドについていた彼の先輩も「よし、やるんだな」と言った。

チームがひとつになつた。私はある意味、鬼であった。

試合は激しい打ち合いとなり引き分け、そして延長へ。彼にはもう戦う力は残っていないように見えた。それでも前に出て打ち合った。観客も熱く応援した。

判定。主審と副審二名が彼に手を上げた。そして礼をして相手選手と握手。会場はひとつとなって、割れんばかりの拍手が続いた。

私は客席後方でその様子を観ていて、まるでロッキーの映画のようだと思った。この一年が、走馬灯のように浮かび、目頭が熱くなった。

彼は軽量級三位となった。そしてすべての階級を合わせて、ただひとり敢闘賞をいただいた。

彼は、この大会が生まれてはじめての試合であった。

鐘ケ江佳太の格闘技の大会は、実戦ではないが、その中に演技、演出というものの大切さが入っていたように思います。

実戦は感動の物語ではありませんが、心理戦の要素が大きい。

実戦での演技力というものを、少し感じていただけたのではないかと思います。

試合を終えて　鐘ヶ江佳太　述

私は二〇一八年十一月十一日に、とある格闘技の試合に出場しました。結果は軽量級三位、そして敢闘賞までいただきました。今振り返ってみても、信じられない奇跡的な出来事でした。

きっかけは、この大会の一年前、前回大会。その試合には日頃からトレーニングでお世話になっている先輩が出場していました。その試合を観て、先輩のどんなに厳しい状況でも諦めることなく前へ、前へと何度でも相手に立ち向かう勇姿、生き様に凄く感動しました。そして「自分も挑戦してみたい」と思い、師である米山先生へ「来年の試合に出させてください！」と志願したのです。

先生からは「今のままでは無理。まずは半年間、身体を徹底的に鍛えなさい。それで試合に出れるか判断する」という答えでした。もともと体つきも周りの人に比べて細く、とても戦える状態ではありませんでした。

もちろん今まで試合に出場したこともなければ、格闘技の経験もありません。人に暴力をふるったこともなければ、喧嘩をしたこともありません。そんなマイナスからのスタートとなった今回の挑戦でした。

当初の目標は試合に出ること。「戦い」というものを体験すること。勝ち負けなどはそれ以前の問題でした。そんなレベルの私がなぜ、このような結果へと繋がったのか。

その理由は「演じる」ということに関係しているのではないかと思いました。

私は現在、役者をやっています。これまで「演じる」ことを仕事としてきた私は、練習においても、試合においても、「強い男」を演じていたのだと思います。

例えば「織田信長」や「宮本武蔵」など自分の中で「強い男」をイメージする。その一人の人物になりきり、演じることで、いつもの自分を超えた、想像もつかない力が発揮される実感がありました。

こうして米山先生は、私のその役者の経験と個性を生かし、練習メニューを考えてくれました。そして私は米山先生を「演出家」として関わる意識をもちました。格闘技未経験で何の型にもハマってない私です。一気に教え込ませるのではなく、一歩一歩着実に演出されたことを吸収していきました。また、米山先生から常日頃言われていたことがあります。


「どんなに厳しい状況であっても、下がらず、前へ立ち向かうこと」

「相手のことは最高のパートナー、共演者だと思って戦うこと」


その言葉を大きな軸として、練習中も試合の時も実践していきました。

こういった米山先生の様々な「演出」により、私は「演者」として試合という舞台に立つことができたのです。もちろん技術、センス、パワー、経験値は何より大切です。

しかし、「演じる」という意識をもつことで、例え相手が経験豊かな方であろうと、それを超える力があるということ。改めて、人間の可能性の深さを感じました。

そして更に、この体験がこうして今、一冊の本に携わっていること。これほどの驚きはございません。本当に人生何が起こるのか分からない。どこでどう繋がっていくのか分からない。誰がこうなることまで予測できたでしょうか。物語はまだ続いていたのです。

そして、このことを一番に伝えた人が私の義兄でした。というのも、私の兄は作家だからです。今回のことで是非名前を載せたいとお願いしたら、快く受け入れてくれました。

その名は「霧島兵庫」。二〇一五年に戦国時代最強と言われていた赤備えの軍団、武田家滅亡を描いた「甲州赤鬼伝」でデビューし、その後も「信長を生んだ男」など、様々な作品を世に出しています。

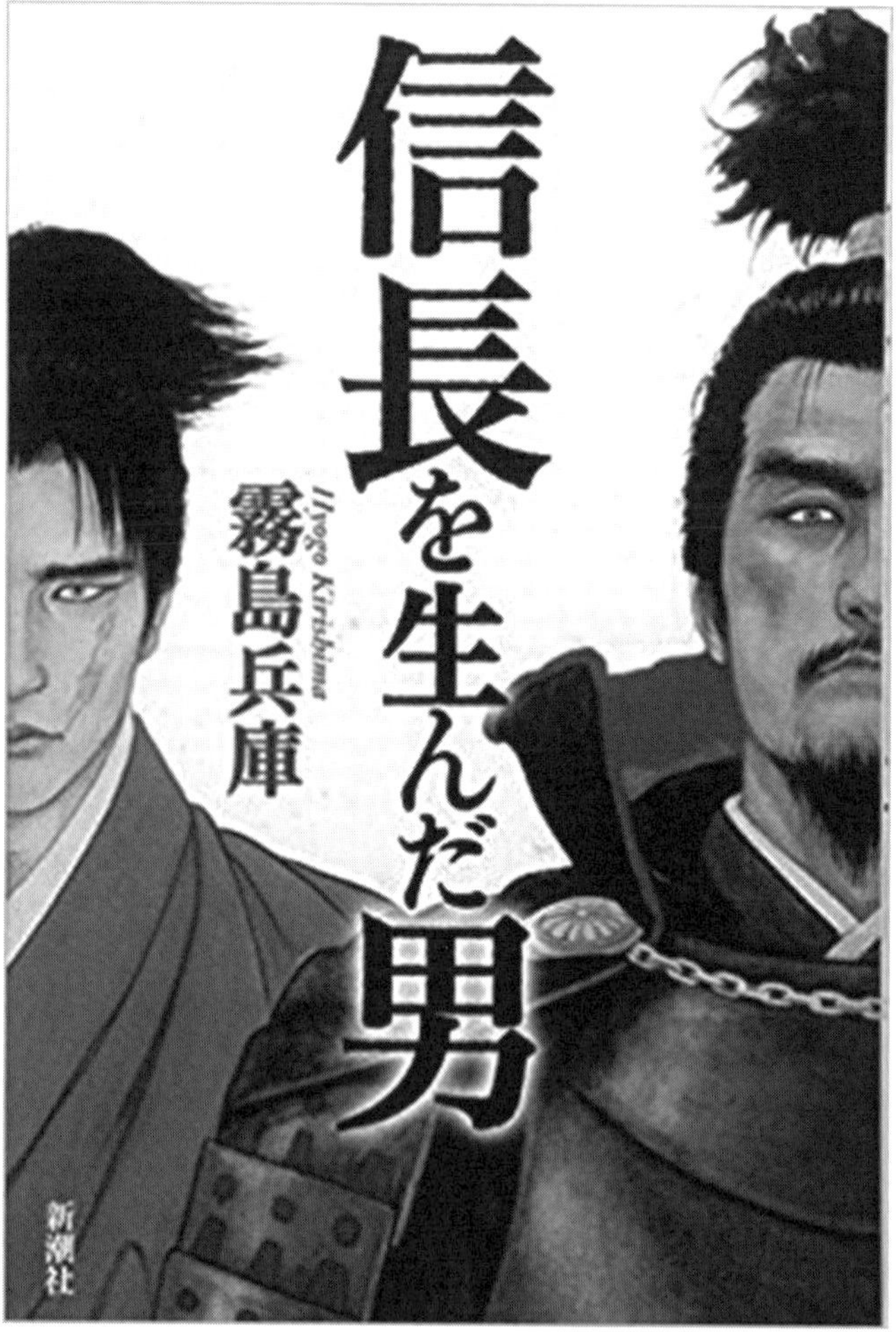

読み方次第では、本書に通じるものがある「信長を生んだ男」（新潮社刊）

兄は私にとって、同志の様な存在です。私は俳優、彼は作家という今はそれぞれ違った表現の立場で戦っています。だからこそ、兄の存在、成長はとても刺激になります。将来、兄の作品に私が俳優として出演することが目標の一つでもあります。

彼のこれまでの作品で多く共通しているのが偶然にも「戦い」という点です。戦国時代や戦争論など、描かれる視点は実に特殊なものです。

まさに今回の試合も、戦国時代での甲冑を身につけた動きというのがポイントにもなっていました。技を見せるというよりも、粘り強く、泥臭く、気持ちで相手に向かって突進する。何の技術もない私だったからこそ、米山先生はこの戦国時代の動き、生き様を練習に取り入れたのだと思います。

どんなに相手に攻撃されようとも決して一歩も下がらない。その時代を演じる、生きることが大きな力へと変化していったのだと思います。

第三章　現実対応型武術

実戦で大切なこと

実戦は格闘技的ではなく兵法的である。兵法とは生き残りをかけてあらゆることを駆使した戦略戦術のことである。

よって本書においては格闘の「闘い」ではなく、戦術の「戦い」という字をほとんどの部分で採用している。

今回は、ストリートファイトレベルに設定して、実戦において大切なことを項目別に説明していきたいと思います。

1. 状況判断

今、自分はどういう状況におかれているのか瞬時に冷静に判断する力が必要。戦いにおいては最も大切なことである。

それがわからなければ主導権は握れない。つまり次の手は後手となり、リスクが大きくなるということ。

この項目の中に、地形を読み、天候、昼か夜か、太陽の位置、室内か室外か、相手の人数、相手の容姿（どのような武術・格闘技をやっているか判断する）武器等の有無（実戦においては相手は素手のように見えても武器は隠しているというふうに見なければ危険）、また、おかれている環境の中で、自分の使えそうなものはないかを把握する術が必要（環境を味方にする）。

2. バランス

戦いにおいて最も大切なことのひとつは、バランスです。簡単に言えば倒れないこと。バランスが崩れていけば、その角度に合わせて現実が変容していきます。倒れてしまうとその結果となります。心と体のバランスを整えていかなる状況でも倒れないことが大切です。

私としてはこのことが警察で体験した実戦の中で一番大切なことでした。バランスがとれていると視野も広がり、対応力も増します。そして、一点に集中せず、三百六十度に意識をもっていくこともできやすいです。

3. 自由度

バランスを保って自由に動く。基本的には水平移動です。

戦いにおいては普段と同じように自由に動けることが大切。

(1) 技術（突き、蹴り、投げ、関節技、絞め技、武器術等の細かい部分は省略します）

戦いは時間をかけずに瞬時に相手を崩すことが大切。そのためには相手より先に前へ出て、ひとつの動きで崩す。このことを私は一拍子と言っています。

ただこれができるためには、心と体のバランスがとれた状態で、自分の自由度を一〇〇%にして、真っ直ぐ前に出て、コンタクトしたときに崩す技術と体力が必要です。

つまり、トレーニングが必要ということです。現実的には、相手の体勢が整う前に先に動いて、いいポジションをとる。つまり、相手の自由度ゼロの段階で処理するということです。

また、自分は相手を真正面にとらえることが大切。つまり、相手の前面、側面、後面に位置していても、相手を自分の中心においておくことが攻防において重要です。常日頃の生活スタイルと同じです。両手が自由に使えて対処しやすいのです。

（2）身体のチームワーク

身体がひとつになって動くこと。手だけ、足だけで攻防しない。

戦いにおいてはひとりであってもチームで戦う感覚が必要。具体的には、頭を指揮官として、手が二本、足が二本、胴体、つまり、六名のチームととらえる。そしていつも指揮官は最前線にいる。

最前線は危険ではあるが、相手の動きが良く見えます。指揮官である頭は、手、足、胴体に瞬時に指令を出すことができる。そうすると、部下である手、足、胴体が本当に手足のように動いてくれる。チームがひとつになったとき、リスクは小さくなる。スポーツで言えば最強のラグビーチームのようなものである。

4. 心理戦

すぐ戦いに至らない場合は心理戦になります。相手も自分も心理状態を読み、力量を測る作業をしていきます。このとき、本書で取り上げられている演技力というものが役に立っていきます。ゆとりがなくても、ゆとりがあるように振る舞い、場数を踏んでいなくても踏んでいるように見せ、場をコントロールしていく力。これは想像以上の力があるものです。

このことは本書でもとり上げられているので、詳細は省略しますが、この演技力によって戦いの方向を変え、戦わなくてもいい状態にもって行くことも可能になります。

5. 鉄則

戦いにおける鉄則。これは絶体はずせないこと。

それは、自分は相手を見れるが、相手はこちらを見れない状態にすること。技をかけるときも重要な要素です。

これが甘いと、反撃されるリスクが大きくなります。

肉食獣も隠れていて一瞬にして、草食獣を襲う、また狙撃手も同じです。

そして、戦いが終わった後の「残心」です。

武道の演武では、最後の決めぐらいにしか思っていないようですが、非常に大切なことです。これも自分は相手を見ているが、相手はこちらを見ることができない状態にしておくことが大切です。

戦いにおいては、残心が欠落するとリスクは大きくなります。つまり油断しないということです。

この鉄則を遵守すれば、格闘技や武道は実戦に通用しやすくなります

6. 戦える体（臨機応変に動ける体）

これはこのとおりです。現実に対応するためにはそれなりの体が必要です。そのためには基礎体力を向上させることが大切です。

それは、通常の武道・格闘技のトレーニングで充分です。ただ実戦は、多人数を想定しなければならないので、ひとりだけにタックルするようなスタイルは危険です。アマチュアレスリングで言えば、フリースタイルではなく、グレコローマンスタイルです。つまり、古代ギリシャローマスタイルです。

上体を前傾せず、少し上体を落とすぐらいが一番現実に対応できます。トレーニングもそれを理解して、組み立てると良いかもしれません。

脱力と筋トレ

戦いのなくなった時代には良く出てくるテーマです。

日本の武術においても、戦国時代に頂点に達したものが江戸時代の初期から整理されていきました。

太平の世が続くと人間は軟弱になり、楽して結果を得ようとする発想が中心になっていきます。武術もそのひとつとなりました。

脱力と筋トレの問題については色々あるのでしょうが、現実に対応することを重要視している立場からすると、甲冑を付けても動ける体が実戦には必要であると感じております。今でいうと、完全装備で動ける機動隊員のようなものです。プロテクターを付けて自然に動ける体をつくることが大事であると。

現実に対処することはそんなに甘くはありません。プレッシャーのかかったなかで自然に動ける心と体。それが本当の自然体ではないかと思います。
結論としては、心と体を鍛錬し、自然体をつくるということではないかと思います。
脱力だけでは足りず、筋トレだけでも足りないということです。

宮本武蔵の五輪書

私は評論家でも武蔵研究家でもないので、現実に対して武蔵がどう考え、どういう発想をもって行動していたのかに関心を持ち、自分なりに研究しました。

結論として非常にシンプルで、その人の力量にあった絵空事ではなく、現実に対応したものだと感じました。

五輪書の中で多人数の対処法として、相手を追いかけまわして倒すようなことが書かれています。これを警察時代の経験に当てはめて考えてみると、多人数の場合、自分が動かず相手方が自由に動きまわるとリスクが大きくなる。多人数では後にまわりこまれてしまうとそれは非常に危険なことである。

自分が動きまわり相手に対応する。相手が測定した距離と時間を狂わせて戦う。これを私は自由度と言っているが、この発想は五輪書から得たものである。自分は自由に動きまわり、相手のペースに合わせない。このことは実戦において大切なことである。

このように武蔵の五輪書を自分なりに解読し、新しい発想を得ることができました。現実に対応できるかできないか、実戦においては非常に大切なことである。武蔵は五輪書を通して、そのことを教えてくれました。

兵法思考

実戦においては格闘技は戦いのごく一部であり、それほど重要な要素ではありません。もっとありとあらゆる要素をかけてやるものです。逆にいうと格闘の要素だけでは足りないのです。

警察学校を卒業し第一線に出たころ、学生時代からやっていた空手、柔道、キックボクシングが役に立つと思っておりましたが、まったく役に立ちませんでした。

それは実戦にはルールがないからです。というと納得されると思いますが、実際は人間というものを知らなかったからです。もっと簡単にいうと人間の心理というものに関心が少なかったからです。これでは決まりきった行動をして来ない相手に対処することはできません。

そんなとき役に立ったのが、孫子の兵法です。実戦にどう対応すれば良いのか迷っていた私に、現実にどう対応すれば良いのか教えてくれました。私は貪るように読みました。孫子の兵法はいつしか私のバイブルになっておりました。

事件を扱うたびに孫子の兵法を読み返し、現場を再現して、兵法に乗っ取ってやった場合はどうなるかと考えました。そのようなことを繰り返していくと、いつしか兵法というものが見えて来ました。

例えば飲み屋で犯人を逮捕する場合、全体が見える場に立ち、相手に冷静に対応し、まわりにいる人間も把握して、なおかつ不測の事態にも対応できるように、怠らない態勢をとることができるようになりました。

一点にとらわれず全体が見える。ひとりであっても部屋の全体の構造が味方になるような発想が出て来ました。

格闘技的発想は一点に集中しすぎて、全体をとらえることが弱くなります。

兵法的発想は全体を見ながら対応できるので、やはり実戦的です。

戦いにおいては広い視野が必要です。戦いは兵法的思考がないと危険度が大きくなります。

第四章　武術縁

我家の武の系譜

若いとき、父に
武術や格闘技の実戦的な研究をしていくと、新選組で有名になった天然理心流にたどりついた話をすると、

「我家は代々秦野の名主であったので天然理心流をやっていた。近藤三助から免許を受けたもののもいたし、近藤勇と京都へ行って新選組に参加したもののもいたようだ」

と話した。父の名前の勇《いさむ》は近藤勇《いさみ》からとったものであったとのこと。

神奈川県の秦野は、多摩や八王子とも遠くないところから天然理心流が根づいていたのだろう。

実戦本位の百姓剣法と言われた天然理心流が私の血の中にあることを知ったときであった。

因みに、祖父の兄は天然理心流と小野派一刀流を極めた人で浅草界隈で剣道を教えていたようです。

自分の小手（前腕）に畳針を突き刺して貫通させても平気だったとのこと。昔の剣術家恐るべしである。

三船久蔵十段と父

1　剣道　斎村五郎先生

戦前、父は苦学しながら東京にある給料がもらえる五年制の技術専門学校に入学しました。そこでは柔剣道が正課となっていて、柔道か剣道のどちらかを選ばなければならなかったとのことであり、父はまず軽い気持ちで剣道を見学したそうです。そのときのことを父から何度も聞かされたことをお話します。

剣道場で正座して先生を待っていると、現れたのは剣道界の実力者のひとり、「けんか五郎」の異名をもつ斎村五郎先生でした。皆が緊張していると、先生は弟子のひとりに真剣の鎧通し（小刀）をもたせ、おもいっきり突いて来るように命じたのです。

鎧通しを持った弟子が緊張してなかなか突きを入れることができないでいると、先生は烈火のごとく怒ったとのことです。

その迫力に父は震えがとまらなかったとのことです。

「剣道は命懸けでやるものだ」と先生は態度で示されたのだと思いますが若い父には恐怖だけが残ったようです。

結果として、家も貧しくお金のない父は、防具代のかかる剣道ではなく、道着代だけですむ柔道を選んだのです。

このことが、父が終生尊敬してやまぬ三船久蔵先生へとつながることになったのですが、今の私から見れば剣道を選んでも、柔道を選んでも名人に学ぶことができ、なんとぜいたくなことかと思います。これも縁なのでしょう。

因みに、父は三船先生が有名な方だとまったく知らなかったとのことです。

2　柔道　三船久蔵先生

子どもの頃から、よく三船先生の話は聞かされましたが、まるで忍者の猿飛佐助の話を聞いているようでした。

例えば父が言うには、先生と柔道をすると、ひとりで柔道をしているように自由に動ける。まったく手応えがない。そして簡単に投げることができる。ただ、投げると先生がクルッと回って父が投げられてしまうそうです。何度投げてもクルッと回って投げられてしまう。また、投げるときに声を出してはいけないと注意されたとか。

十二歳で柔道を始めた頃の私には意味不明でした。ただ、憧れの柔道家の一人となっておりました。

何十年かの時が経ち、武道関係のDVD制作に携わっている友人から「柔道の真髄」という三船先生の記録映画をDVD化したものをもらいました。

私は驚愕しました。父がよく言っていたことが本当だったのです。

三船先生はダンスしながら投げられると、クルッと回って相手を投げていたのです。こんなものは見たことがない。こんなことが本当にできるのか。これは、やらせではないのか。疑心暗鬼の私は、実家にDVDを持っていき、父に見てもらいました。

年老いた父は、DVDを見るなり「先生！」と言って涙を流しておりました。人前で泣く父を初めて見ました。そしてDVDに登場する師範の方々を指差し「この人は知っている先生だ」と言ったりしておりました。

私が、この映像に映っている三船先生の動きは本当なのかと父に問うと、「この通りだ。本当だ」と言いました。

また、空気投げについても「俺たち学生には空気投げをかけなかった」とも言っておりました。

父は、先生から二段をいただいておりましたが、空気投げはもっと上の段位の人たちにかけていたようです
父は歴史の生き証人のような人です。父がいなければあまりにも現実離れしたような動きを見せる三船久蔵の柔道を信じることができませんでした。確かに名人というものが存在したのだと強く感じました。

父と三船先生の話は他にも西郷従道邸でのこと、やくざたちとの立ち回り、徳三宝のこと等とたくさんあるのですが、今回はここまでとさせていただきます。

父は生前、「三船先生との話は俺が死んでからにしろ。その後なら、お前が出すのは自由だ」と言っておりました。

また今後の参考のために、現在の柔道家で三船先生に近いのは誰か質問すると「それは野村だ。野村の柔道は三船先生に近い」と言っておりました。

野村とはオリンピックで三連覇した野村忠宏氏のことであります。いつの日かきっと日本柔道界にも三船先生のような名人と呼ばれる人が出て来るのでしょう。

父は学校を中退し、海軍に志願し、予科練をへて特攻隊員となり特殊潜航艇蛟龍に乗り訓練を繰り返して出撃間近というとき終戦を迎えました。

戦後の混乱期も命懸けで仕事をした人でした。そしてその中で父を支えたもののひとつが柔道の三船久蔵先生の教えでした。良き師にめぐりあえた父は幸せものであったと思っております。

親しき武術縁

1　東山美好

警察を二十年で退職し、逗子の自宅で現実に対応できる武術の研究をしながら整体の治療院をしていた私がひょんなことから東京へ出て行くという流れになりました。浅草へ出てしばらくすると、仕事が縁で二人の武道家と知り合いました。それが太気拳の東山美好さんと空手の大橋一輝さんでした。

東山さんは拳聖といわれた澤井健一先生の明治神宮での初期の門人であり、ヤン・カレンバッハや他流派の武道家と澤井先生に命じられるまま対戦した人です。

はじめて会ったときに、いきなりあいさつがわりの組手、空手の動きとは違う、その動き、迫力にど肚を抜かれました。まるで猛獣を相手にしているようでした。手かげんはしてくれたのですが、頭に二百発位もらい、しばらく真っ直ぐ歩くことができないくらいでした。話には聞いていたが、太気拳のすごさを身をもって体験し納得しました。

東山さんは太気拳以外の武術を学んでおらず、当時の明治神宮そのままの動きをする方です。シベリアの氷の中で冬眠していたマンモスが動き出したかのような、私はある意味、天然記念物だと思いました。

そんな東山さんの太気拳を私はいつしか古伝太気拳と言うようになったのです。まるで、獣が牙をむいて、一瞬にして飛びかかるような迫力、今の時代にはまったく合わない理屈抜きの強さ。私は東山さんとの組手を通してたくさんのことを学ばさせていただきました。師弟関係はありませんが、私の会の特別講師をしていただいています。

（武道ユニオン　フルコンタクトＫＡＲＡＴＥマガジン編集部　提供）

（武道ユニオン　フルコンタクトＫＡＲＡＴＥマガジン編集部　提供）

2　大橋一輝

大橋さんは東山さんより少し前に知り合いましたが、やはりすごい経歴の人で若いときはフルコンタクト空手をやりながら、数々の実戦を経験している人でした。そんな生活に区切りをつけるため、単身アメリカに渡り、ニューヨークで空手を教えていた人です。

当時、忍術を世界に広めるために渡米した武神館の初見良昭先生の演武の相手をしていたのが、大橋さんと弟子の皆さんでした。

初見先生の演武も凄まじく足の親指の皮一枚のところ、棒で突かれてきたりしていたとのことです。また某空手団体の内紛で色々とあったときにはトレーニングできなくなった黒帯たちを助けたり、命懸けのストリートファイトに巻き込まれたりと、まるで映画の世界のような空手人生を歩んできた方です。そして今は空手の源流へさかのぼり、たどり着いたところが、沖縄の少林流空手です。

島袋善保先生に学び国際沖縄少林流聖武館空手道協会神奈川県相模原支部長となっております。その動きは実戦的で無駄がなく昔よりもシャープさが出ていて私はただただ唸るだけです。沖縄空手の凄さを垣間見たようです。

私は大橋さんと、武器をもっての実戦的な動きを研究したりしていますが、いつも思うことは彼でなければこのことは研究できないと。本当にありがたい友です。

若き日の大橋さん

2017第三回 全国大会
国際沖縄少林流聖武館空手道

3　リアム・キーリー先生

リアム・キーリー先生は南アフリカ出身で今はオーストラリアのメルボルンに住まわれているが、日本にも長期に滞在されて、戸田派武甲流薙刀術、立身流の師範でもあり、他に沖縄空手、太極拳、東南アジアの武術、アフリカの武術にも造詣が深い方です。また日本武道を世界に発信したドン・ドレガー氏とともに武というものについて研究した方でもあります。今はメルボルンで戸田派武甲流薙刀術、立身流や太極拳を指導している先生です。

リアム・キーリー先生とは日本在中の娘さんを通して知り合いとなりました。日本ではじめてお会いしたとき、私が握手をしようとしたところ、先に深々とおじぎをされ、恥しい思いをしたことを覚えています。

メルボルンにて武術指導したときも協力していただきました。
　その武術的技術の高さもすばらしいが、すべての面において、人間としてすばらしい方と感じました。先生に日本の武道のどこが好きですかと質問したところ、「礼儀作法です」とこたえられました。礼にはじまり礼に終わる日本武道の真髄を体現しているような方です。
　日本人が忘れたサムライの心を持った方です。

キーリー先生とご縁のあるケント ソレンセン先生
（戸田派武甲流代表宗家代理　一枝道武術師範）

左から、著者、キーリー先生、ケント先生、滝先生（日本時代劇研究所所長）

4　更なる縁《えにし》

太気拳の東山さんとの組手の相手をするにつれ、今まで現われたことのない個性的な方々と交流するようになりました。

そのひとり、東山さんの友人で武道関係の出版社の社長のNさん、この方はまだ良く知られていなかった太気拳を世に出したひとりであり、その妥協しない性格はまるで五百年先を見携えて法隆寺の修理をする宮大工の棟梁のような頑固一徹のすごさを感じさせる方です。

私は武道界、出版界はこのNさんを通してつながりをもつようになりました。

そのネットワークの中にKさんという日本の剣術と中国武術の真髄を体得したような方とも知り合いになることができました。

はじめてKさんの稽古会に参加したとき、お弟子さんたちと食事会に向う途中、私はKさんに「私は警察で実戦は体験して来ましたが、武道界や出版界にはほとんど知り合いがおりません」と話すとKさんは「それは健全ですねぇ」と言われました。

私はそのときKさんが何を言っているかわかりませんでしたが、今なら少しわかります。今は武道界の表舞台へと押し出されて行くKさんですが、当時は世に隠れた達人と言われていた人です。随分あれから時間が立ちましたが、Kさんに言われた「それは健全ですねぇ」はいまだに心に深く残っております。

また、その周辺を動きまわっていた沖縄空手関係に精通しているAさんとも知り合いになりました。

この方は世界レベルの空手関係の書物の収集家であり、沖縄空手研究においては相当なもので、本当に空手を愛し、空手の将来を考えている人です。

沖縄空手の先生方もAさんを通して知り合うことができました。このことはすべて東山さんからのネットワークですが、道が開いて行くときというのは、やはり人とのかかわりを通してなのだなと実感いたしました。

書き忘れましたが、そのグループの中に、壮神社の恩蔵良治社長もおりました。私のもの差しでは測れない、なんともクラゲのような方です。

私の読んだ武道関係の本に壮神社が多数あったことに気づき驚いております。

第五章　心体技法

心体技法とは

これは警察時代の実戦体験の中から生まれてきたもので「心が現実に影響を与えているということを体を通して体感することができる」というものです。

当時、父に心体技法の実験をしたときの話をします。

父に相撲の四股立ちになってもらい、私が攻撃的に押します。年なので無理はさせないが、頑張っていたが苦しそうでした。

その後、私が心体を整えて軽く触れると父は力が入らなくなり崩れました。そのときの父の会話です。

「俺はこの体験ははじめてではない。三船先生も同じことをやっていた。ただ俺がわからないのはなぜ、お前ができるのかそれがわからない」と言っておりました。

このとき、私が研究していることは、既に多くの達人名人がやってきていることなのだ。やはり、原理原則なのだと思いました。

警察時代の実戦における不思議な体験

二十代のころ、上司とともに、犯人を逮捕確保中、奪回しにきたその仲間の集団に襲われ、何度か波状攻撃された経験がありますが、そのとき、すべてがスローモーションに見えたのです。

窓ガラスが割れて飛び散るのもゆっくり見えたのです。すべては一瞬の出来事なのですが、その後も何度か同じようなことがありました。一般の方が交通事故に会ったとき「ゆっくり見えた」などと言いますが、多分同じことだと思います。私は「これはなんなんだ」と思いました。

また、犯人を逮捕するときも、相手を「こいつ倒してやる」というような気持ちでやると制圧できても力が入り非常に疲れるが、倒すときに、あぶなくない方向に倒してやろうと思うとまるで相手が協力してくれているように素直に倒れてくれるのです。私は「いったい何が起きているのだ」と不思議な気持ちになりました。私が体験していることは何か法則性があって、必ず原理原則があるはずだと思うようになっていきました。

そして、それからはそのときの身体のバランスや心の状態や、地形などありとあらゆることを考察するようになりました。なんとしてもその原理原則を知りたいと、武道や気の本を読みましたが、精神性はあっても私の直面する現実に対応できるものはありませんでした。

私は手探りで実験することにしました。

事件現場において、自分の心の状態を色々と変えてみました。

冷静に取り扱う、攻撃的な気持ちで取り扱う、怯えた気持ちで取り扱う、相手を包み込むような気持ちで取り扱うと何か起きるだろうかと。変化はありました。簡単に説明すると、感情的になると場が荒れ冷静で思いやりをもってかかわると場が落ち着いてくる。昔から言われている通りです。

では相手にコンタクトするとどうなるか、これも心が整った状態で、攻撃的にかかって来る相手にコンタクトすると、相手がかってに崩れていきました。そして尚かつ、体のバランスが整っているとより効果は大きくなりました。

心と体のバランスが整うと視野が広くなり、相手の動きもゆっくり見えて来ます。昔から日本武道で言われている自然体です。

結論から言うと、心と体を整えて前に出ると攻撃して来る相手が崩れていくことが判かりました。警察のときはこのレベル出したが、それでも実戦に通用するものでした。

それから、長い年月が過ぎましたので、もっと研究はすすんでおりますがそれはさておき、心が現実に影響を与えているのだと実感できたことは非常に大きなことでした。

原理原則を少し垣間見た気がしました。

しかし、心の状態はたえず変化し安定せず、それをコントロールすることは至難の技です。昔の剣の達人たちが、禅をやったり、滝に打たれたりして、心の安定をはかったことが意味があったことなのだとわかりました。

日本の武道では、形、作法というものを禅のように大切にしますが、やはり意味があったと。形から心に入る。武道でいう自然体をとっていると、肩の力が抜け、バランスが良くなり、心が安定しやすくなります。

また心が安定すると、体の力みがとれ、バランスが良くなり、自然体となります。心と体を分けない日本の武道に流れる技法を私は心体技法と名づけ研究を続け今に至っております。今では他分野でも研究対象となっておりますが、心体技法は心が現実に影響を与えているということを体を通して体感できる、ある種の型のようなものです。

私は達人、名人ではありませんが、誰でもできるシステムのようなものをつくりたかったのです。

危機的状況の中でしか生まれないようなことが、心体を整える方向にエネルギーを使い、現実に対処するために前へ出て行くと、まるで火事場の馬鹿力のようなことが普通に起きます。

今だに自分でも信じられないような気がします。しかし、女子大の授業に心体技法が取り入れられて、現実を変えていく多くの女子大生を見させていただくと、これは誰でもできる原理原則なのだと納得がいきます。

この心体技法がもっと研究され、世の役に立てばと思う今日このごろです。

今回は技術書ではないので、実際に大学で行っているものを昭和女子大学の人間社会学部初等教育学科の准教授松本淳先生に語っていただくことにしました。

心体技法について

松本淳

「戦いにおいて、『勝つか』『負けるか』『引き分けるか』の三つしかないと思っていた。ところが、もう一つあったんだ。何だかわかるか」。

永年、武術の探究をし、実戦の経験も数多くしてきた米山さんが、わかったことなのだという。私には皆目検討がつかなかった。米山さんは、「それは、『仲良くなること』だったんだ！」と言った。

私はその言葉をすぐさま理解することは出来なかったが、その後大学での授業等を通して、米山さんは「仲良くなる」生き方を学生たちに伝授していくことになる。そのカギとなったのが「心体技法」だった。

米山さんの「心体技法」の講座を私が初めて受けた時、それは衝撃だった。十数名で輪になって、同じ方向に部屋の中を歩き、米山さんから「『嫌いな人のこと』や『怒った時のこと』を思ってください」と言われると、まるで鉛のくさりを引きずっているかのように足が重たくなった。

そして、「『好きな人のこと』や『うれしかった時のこと』を思ってください」と言われると、羽がはえたかのように身体は軽くなった。私は、「心と身体と現実」がこれ程までにつながっているとは思っていなかった。

心の中の想いは、現実社会に即影響を与えていることを自分の身体を通して知った。私は、「自分の心の中のネガティブな想いにより、道を歩いているだけで、道を汚してきた」と申し訳なく思った。

私は、学生たちに米山さんに出会い、「心体技法」の体験をし、困難な状況に出会っても、「自分の気持ちが変わったら、もしかしたら現実が変わるかもしれない」という希望を持ってもらいたいと思った。

だが、学生たちが「心体技法」の体験をどう受け止めるかは、未知数だった。「もしかしたら、全く価値を見出さないかもしれない」と思った。

二〇〇五年に実験的に「心と身体と現実のつながり」の体験を授業の中を入れてみた。その授業後に、一人の学生が力を込めて言った。「こんな重要なことはもっと早くやってください！　少なくとも、実習前にやってください！」。

その言葉は私の想像を超えていた。学生がこれほど切実に「心と身体と現実のつながり」を知ることを大切に感じているとは思わなかった。

学生のリクエストに応える形で、次の年度は、実習に行く前に「心と身体と現実のつながり」の体験授業を行なった。その体験授業を通して、学生たちは「心が現実に影響を与えている」ということ、そして、「現実を変えようと思ったら、自分の心をチェックして、感じ方や受け止め方を変えることが大切である」ことを学んでいった。

養護施設等の実習先にいる子どもたちの中には、幼い時に親から十分な愛情を受け取ることが出来ずに、さびしい想いやイライラした気持ちを抱えていて、人になかなか心を開けない子もいる。そのような中で、学生たちは、実習の期間を通して、「やさしい気持ち」で子どもたちとかかわる挑戦をしていった。

ある学生は、ベテランの職員ですらかかわるのが難しい子どもと「大の仲良し」になって、「実習後も来てほしい」と施設から懇願された。

別の学生は、「この子とかかわれるようになるには最低三日はかかる」と言われた子と、半日で仲良しになってしまった。そのような変化が何人もの学生に起き、私と米山さんを驚かせた。

「心体技法」は、米山さんが約二十年の警察官人生で体験した「心と現実のつながり」を他の人も、身体を通して体感できるようにしたものであるが、それは奥深く、大学で学生に伝えているものは、その中のほんの一部に過ぎない。

米山さんと共に試行錯誤を繰り返し、大学では主に以下の五つのメニューを学生たちに体験してもらっている。①「介護」。②「持ち上げ」。③「愛は勝つ」。④「可動域」。⑤「私が教えてあげる」と「一緒に学ぼう」。

その授業と生活の場における学生たちの実験・実践の記録の詳細は、『愛をもって新しい時代の扉を開く』（壮神社）の中に記してあるので、関心のある方は、書店で手にとって見ていただきたい。ここでは、その中から一端を紹介したい。

授業の場において、学生たちは二人一組になり、「イライラ」したり、「やさしい気持ち」になったりして、相手の重さがどう変わるかを体感する。（自分や相手が「イライラ」していると重くなる。自分や相手が「やさしい気持ち」だと軽くなる。）なかなか「イライラ」出来ない学生の場合は、「不安な気持ち」になって相手を持ち上げてみる。

上記のメニューの中で、学生たちに勇気と希望を与えるのは、「愛は勝つ」という実験である。これは、自分がどんなに「イライラ」していても、相手から「愛情深く、やさしい気持ち」で持ち上げられると、「イライラ」が保てなくなり、持ち上げられてしまうという実験である。

この体験から、学生たちは日常生活における身近な対人関係において、「やさしい気持ちでかかわったら、相手や事態が変わるか実験してみよう」という意欲が湧いてくるのである。

以下に、心体技法の体験をした学生たちの感想を記してみたい。

【自分の気持ちの影響の大きさを実感した】

実際に体験してみて、本当に驚いた。自分の気持ちを変えることで、ここまで感じ方が違うとは夢にも思わなかった。自分自身で体験することで、先生方が実演したことを「うそだあ！」と思う気持ちはきれいさっぱりなくなった。

「友達を持ち上げる」ものが一番わかりやすかった。イライラした気持ちのとき、地面に足が張り付いているように持ち上がらないし、持ち上げられない。楽しいとき、うれしい気持ちのとき、地面から足がふわっと浮くし、軽々持ち上げることができた。何でこんなにも違うのか？　本当に不思議すぎて少し気持ち悪いくらいだった。前から、「自分の気持ち次第でどうにでもなるんだ」と思ったりすることはあったが、ここまで明確に気持ちが左右してしまうとは思いもよらなかった。

【相手のやさしい気持ちに逆らえない】

最初に米山さんの実演を見た時は、嘘だと思って信じられなかった。しかし、自分たちでやってみて本当に驚いた。相手または自分がイライラしたり、マイナスな気分になってやると、持ち上がらなかったし、もう相手の肩や腹に手を回した瞬間から雰囲気が伝わってきた。

また、相手がどんなにイライラしていても、自分がやさしい気持ちで接すると、そのイライラを覆す事に更に驚いた。相手を持ち上げるのは軽く感じたし、自分が持ち上げられる時も、相手の手から伝わってくるやさしい気持ちに逆らえなかった。気持ち次第で人の体がこんなにも変わる事に驚いた。

【人間の原理・原則を知った気がした】

実験の後に米山さんがお話してくださったまとめの内容が私にはとても印象的でした。それは、私たちの心と現実社会とのつながりについてでした。

どんなに現実が重く苦しく、受け入れ難いようなものであったとしても、「絶対に負けずに乗り越えるのだ。頑張るんだ！」という前向きな意志、そしてやさしい気持ちを持って向かっていくことで、実際に事が上手く運んでいくというものでしたが、これは私たち人間の原理原則なのかもしれないと思いました。

【これまでの生き方を後悔した】

今までイライラしていた時の自分を思い出すと「バカだったなあ」「もったいなかったなあ」とかなり後悔。

「もっと毎日を楽しく過ごそう。嫌なことがあったり、むかっとすることがあったりしても、イライラしないで笑顔で楽しい気持ちで人に接しよう。自分と向き合おう」と思った。

「この授業を受けて本当によかった」という気持ちでいっぱいだ。

【まずは自分から変えていこう】

自ら体験した事を様々な場面で活かしていきたい。身近なことから考えてみると、自分に対して冷たい行動をとる人に対して、対抗心をもやすのではなく、自分からやさしい気持ちになっていきたい。そうすれば相手もきっと変わるはず、まずは自分から変えていこう、そうこの授業は教えてくれた。

「心体技法」の体験を基として、身体を通して「心と現実のつながり」を体感した学生たちの気持ちの中には、「後悔」、「希望」、「志」といったものが湧き上がって来たように思う。

次のステップでは、実際に生活の場で、「やさしい気持ち」が現実を変える力があるかどうかを試してみる実験に学生たちは取り組むことになる。そのいくつかの例を『愛をもって新しい時代の扉を開く』の中から抜粋・要約をしながら紹介したい。

【子どもとのかかわりの変化】

学生のAさんが、幼稚園の宿泊研修に行った時のこと。Aさんは、子どもたちを寝かしつける役割を担っていたが、子どもはなかなか寝てくれない。すると、Aさんの心の中に「早く寝てくれないと、私が部屋に帰れないじゃないか！」とイライラした気持ちが湧いてきた。それに呼応するように、子どもはますます寝付かない。

そんな葛藤があった次の日。Aさんは「心体技法」の授業のことを思い出し、「もしかして、私の気持ちが変わったら、何かが変わるかもしれない」と想い、気持ちを落ち着かせ、ゆったりとした気持ちで子どもたちのいる部屋に出かけていった。

するとと、子どもたちがすり寄って来て、すぐに寝付いてしまった。Aさんは、その変化にビックリしたという。

【塾の生徒とのかかわりの転換】

学生のBさんは、塾で高校二年生のA君に英語を教えているが、A君は勉強に対しても、学校に対しても無気力な状態が続いていた。宿題もやってこなかったし、成績もあがらなかった。その無気力さにBさんはイラついていた。そこで、Bさんは、A君に成績が伸びる達成感を味わわせたいと思い、実験に取り組んだ。

Bさんは「想いの転換」を含めて、以下の行動計画を立てた。

（1）イライラした気持ちを抑えて、「A君を変えられたら嬉しい」と想う。また、A君の成績があがらないのは、自分がイライラした気持ちで接しているからだと思うようにする。
（2）A君が塾に来たら、A君の目を見て笑顔で挨拶をする。
（3）すぐに授業に入るのではなく、授業時間八十分間のうち四十分間を使って勉強以外の話題をし、A君をリラックスさせる。
（4）A君の話をよく聞く。

（1）から（4）を意識して、Bさんは授業展開を繰り返した。
一、二回目ではA君は、Bさんの目を見て挨拶をしなかった。A君の無気力さや、宿題をやってこないことには変わりはかなった。三回目にA君は、少しBさんを見て挨拶するようになった。しかし、あいかわらず宿題はやって来なかった。四回目は、三回目と同様に挨拶をした。そして、授業中は無気力な様子ではなくなった。だが、まだ宿題はやってこない。五回目になると、挨拶もしっかりとし、笑顔が見られた。また、宿題をやってくるようになった。授業中にわからない問題があると質問する等、積極的に取り組むようになった。

期末テストは、中間テストより二十点あがった。A君は点数があがったことを嬉しそうにBさんに報告した。

【アルバイト先の人間関係の転換】

学生のCさんは、飲食店でアルバイトをしている。そこで働く二人の社員（店長とWさん）とバイトの人たちの仲が良くない。いつの間にかCさんもその二人が大嫌いになってしまっていた。

そんな中、一つの出来事が起きた。社員が「私語が多い、何もしないで立っている人を基準にシフトを削ります。文句がある人はやめてもらって結構です」と強引に多くのバイトのシフトを削り、Wさんの友達を三人バイトに追加しようとしたのだ。

普段私語をしないで働いている人も削られた。この時、「人は足りているのに、どうしてさらに三人も雇うのだ！　おかしい！」とCさんの怒りは爆発した。そして、今までにこの店のために尽くしてきたこと、一生懸命働いたこと、頑張ってきたことが、とてもむなしく思え、悲しい気持ちになった。Cさんはその日から、さらに社員が嫌いになり口をきかなくなった。

しかし、他のバイトの人から「やめようかな」という声が続出した時、Cさんは焦った。「せっかく仲良くなれたのに、このままだと全部だめになってしまう」と思ったのだ。

そこでCさんは、心体技法の体験を思い出し、「気持ちを転換し、やさしい気持ちになることで、何か変わるのではないだろうか」と考え、実践してみることにした。

Cさんは、これまであった出来事を観客的に振り返ってみた。まず、最初は嫌いではなかったのに、なぜ嫌いになったのだろうか考えてみた。すると店長がバイトの子がミスしたした時に、大声で怒鳴り散らしたのを見てから、嫌いになったことを思い出した。

また店長はいつもピリピリして文句ばかり言うことが多く、それがとても嫌だった。Wさんに関しては、でたらめな噂ばかり言うところだと思った、また、自慢話が絶えないところが嫌いだと感じた。また、自分が仕事を覚えるにつれ、社員二人のミスが際立って感じるようになり、そのミスにイライラしていた。そのようなモヤモヤ、イライラといった気持ちをやさしい気持ちに変換することを試みた。

まず、Cさんは、自分の想いを以下のように転換できないかと考えた。

○店長に対する想い

「怒鳴り散らし、常にピリピリしている」⇩「人間なのだからイライラするときくらいある。常に怒っているということは、嬉しいことがないのかもしれない。それは可哀相なことだ」

○Wさんに対する想い

「でたらめな噂ばかり言う」⇩「噂が好きということは、それだけみんなに興味があるということかもしれない」

「自慢話が絶えない」⇩「自慢話ばかりするのは、自分のことが好きということ。それは良いことだ」

◯二人共通に対する想い

「ミスが多い」⇩「人間誰でもミスをするのは当たり前。私だってミスをしない訳ではない」

次に、やさしい気持ちで社員二人に接するための行動計画を立てた。

◯怒られたら、心から謝り、最後は「ご指導ありがとうございます」という。
◯あいさつは笑顔で元気よくハキハキ言う。
◯たとえ疲れていても、常に笑顔でいる。
◯注意されないよう今まで以上にテキパキ仕事をする。

Cさんは、まず「気持ちの転換」を図り、やさしい気持ちでこれまでの出来事を客観的に見直してみた。すると、とたんに社員二人に対する嫌悪感がスッと消えていった。ついさっきまで、憎しみに満ちていたのに、すごく穏やかな気持ちに変わりとても不思議に感じた、という。

次に、右記の行動計画を実践してみると、社員二人の方が、笑顔を向け話しかけてきてくれるようになった。そして、「Cちゃんはいつも元気でいいね」「Cちゃんを見ていると癒されるよ」とほめてもらえたのだ。これはとてもうれしかった。また、Cさん自身も、常に笑顔でいることを心がけることで仕事がとても楽しく感じられるようになり、「注意されないようにテキパキ仕事をする」のではなく、自然にテキパキ行動できるようになれた。

やさしい気持ちで仕事をするようになったら、お客様にも変化が生まれた。まず、「ありがとう」と言われることが多くなった。それがとてもうれしくて、もっと「ありがとう」と言われたくなり、お客様が何をすれば喜ぶか考えて行動するようになった。するとお客様アンケート用のアンケート用紙にも「良かった店員さんは誰ですか？」という欄で、Cさんの名前が書かれるようになったのだ。

お客様用の自由ノートにも、「接客がいい」と書かれることが多くなった。そのことでも、店長に褒められるようになり、それがまた、Cさんのやる気につながった。

そして、とうとうシフトが極端に削られることがなくなったのだ。


Cさんは､アルバイト先の社員による「理不尽なシフト減らし」という現実に対して、一度は、怒り心頭に発したものの、そこから「気持ちの転換」を図り、結果として、誰も傷つくことなく、敗者を生むことなく、問題の解決へと道をつけていった。

Cさんだけでなく、Bさんも、Aさんも、他の多くの学生たちも、それぞれの創意工夫によって、自らの「気持ちの転換」を試み、人間関係において、あるいは出来事との関係において、道をつけていった。

それは、冒頭に記した、米山さんが武術の探究を通して気付いた「勝つのでも、負けるのでも、引き分けるのでもない、もう一つの道『仲良くなること』」を「心体技法」

を通して、大切な「生き方」として、多くの学生たちに伝授したといえるのだと思う。

参考・引用文献＝松本淳『愛をもって新しい時代の扉を開く』壮神社　二〇一六年

おわりに

本書を出版するにあたり、多くの方々のご協力を得ました。

中でも、昭和女子大学の松本淳先生、壮神社の恩蔵良治社長には多大な協力をいただきました。協力してくださった方々に心から感謝申し上げます。

私が実戦について本当に研究するようになったのは警察時代の同期生の殉職、同僚たちの大怪我などがあってのことです。

なんとか第一線の警察官のリスクを小さくすることはできないか、その想いからです。

本書が国を護る、人々を守る、家族を守る方々の少しでもお役に立てれば幸いです。

最後に発行者より

恩蔵良治

元、極真会館最高師範だった黒崎健時先生とは、とても親しい間柄であった。当時、たぶん毎週一回はお会いしていたと思う。当然、弊社の新刊は毎回お届けしていた。今でも鮮明に記憶していることがある。

「一頁、人の心を打ち、人を感動させ、その人の為になったら、その本は価値がある」見かけに寄らず読書好きで、漢字を熟知している黒崎先生の言葉には説得力があった。本書は、確実に価値ある一頁があると断言する。しかし、文章そのものは、はっきり言って悪文である。そこで、一度 綺麗に編集したが、なぜか著者の思いが薄まってしまうのである。だから、元の文に戻した。

本書は、大きな字でページ数も少なくコンパクトな本ではあるが、斯界に新しい波を起こすかもしれない。

米山 俊光（よねやま・としみつ）

1954年、神奈川県南足柄市出身。12歳より柔道、空手などの武道に親しみ、23歳で神奈川県警に勤務。在職中、実際の事件現場において、それまで鍛錬してきた武術が役に立たず愕然とする。数多くの修羅場を体験することで、自らの心の状態が、身体や空間に影響を与えていることを強く体感した。以来20数年間、実戦の中で心・技・体・空間の関係について考察を続け、心体技法と名付けた。43歳で退職後も、現実対応型武術と体バランスの研究を続け、セミナー、稽古会などを通して後進の指導に励んでいる。武術心体バランス研究会　光武会代表。現実対応型武術研究会代表。心体バランス療法ヨネヤマ整体院院長。女子プロレスラー米山香織選手の実父としても有名。

実戦は演技である　現実対応型武術

2019年12月25日　第1刷印刷
2020年 1月15日　第1刷発行

著　者　米山俊光
発行者　恩蔵良治
発行所　壮神社（Sojinsha）
〒102-0093　東京都千代田区平河町2-2-1-2F
TEL.03-3239-8989／FAX.03-6332-8463